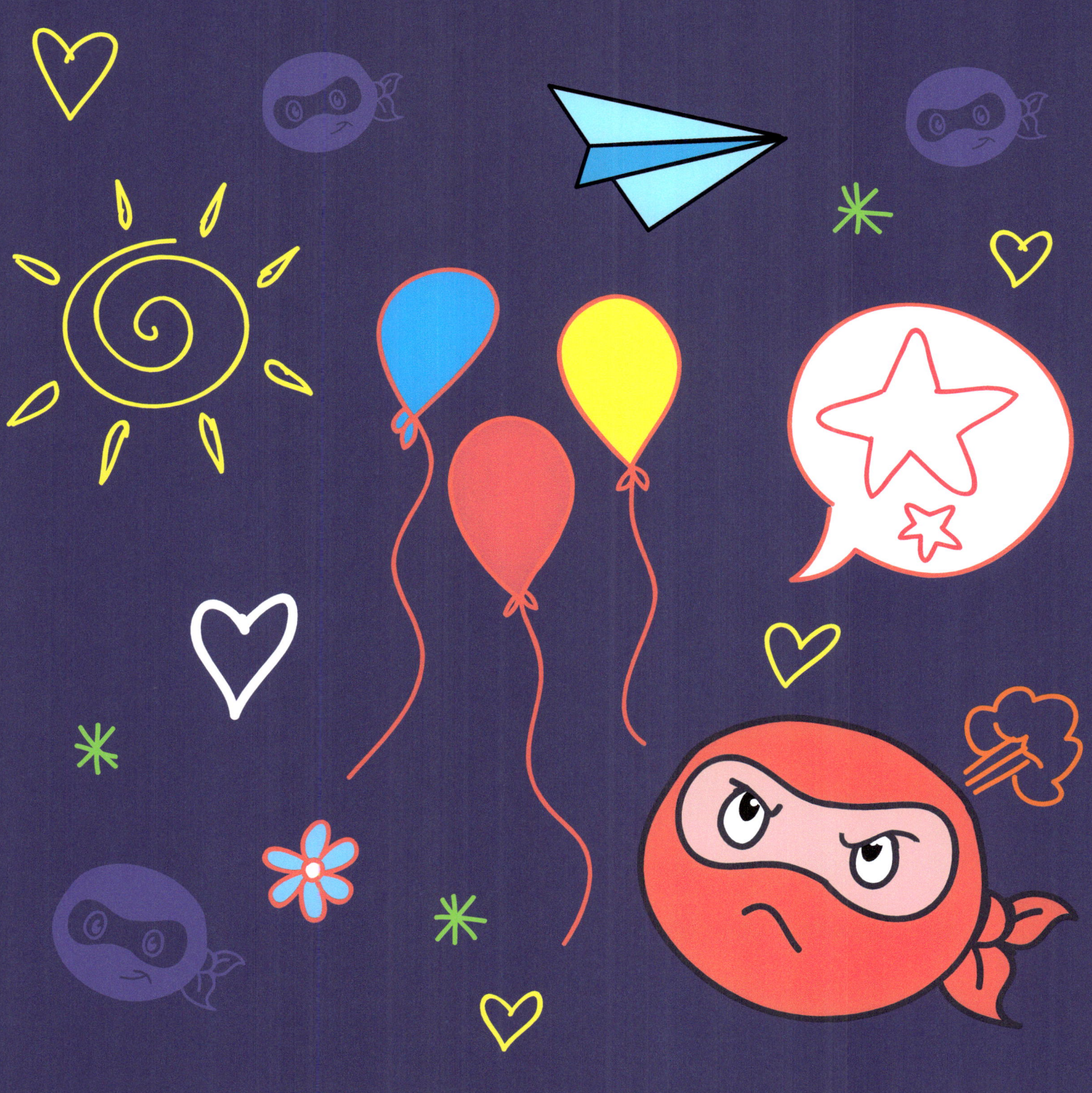

Este libro está dedicado a mis hijos – Mikey, Kobe, and Jojo.

Copyright © 2022 Grow Grit Press LLC. Todos los derechos reservados. Ninguna parte de este libro puede ser reproducida en ninguna forma sin el permiso por escrito de la editorial. Por favor, envíe solicitudes de pedido al por mayor a growgritpress@gmail.com 978-1-63731-374-9 Impreso y encuadernado en los Estados Unidos. NinjaLifeHacks.tv

El Ninja Olvidadizo

Por Mary Nhin

No importaba lo que estaba haciendo, nunca podía recordar las cosas.

El otro día estaba escribiendo una nueva receta que había aprendido, pero no podía acordarme dónde dejé mi lápiz.

Intenté ensayar el alfabeto al revés lo más rápido que pude, pero me dolía la cabeza.

Leí en alguna parte que, si escuchaba música clásica, podría mejorar mi memoria.

Así que intenté escuchar a Beethoven en mi tiempo libre, pero eso no funcionó.

Intenté escribir cosas en mis libretas de apuntes, ¡pero por lo general olvido donde las puse!

¡Oh cómo deseaba ser mejor recordando las cosas!

Al día siguiente, estaba haciendo mi tarea.
Estaba estudiando para una prueba sobre el espacio exterior.

Agarré mi libro de ciencias. Entonces, el libro dice que el orden correcto para los planetas en el Sistema Solar es Mercurio, Venus, Tierra, Marte, Júpiter, Saturno, Urano y Neptuno. M, V, T, M, J, S, U y N.

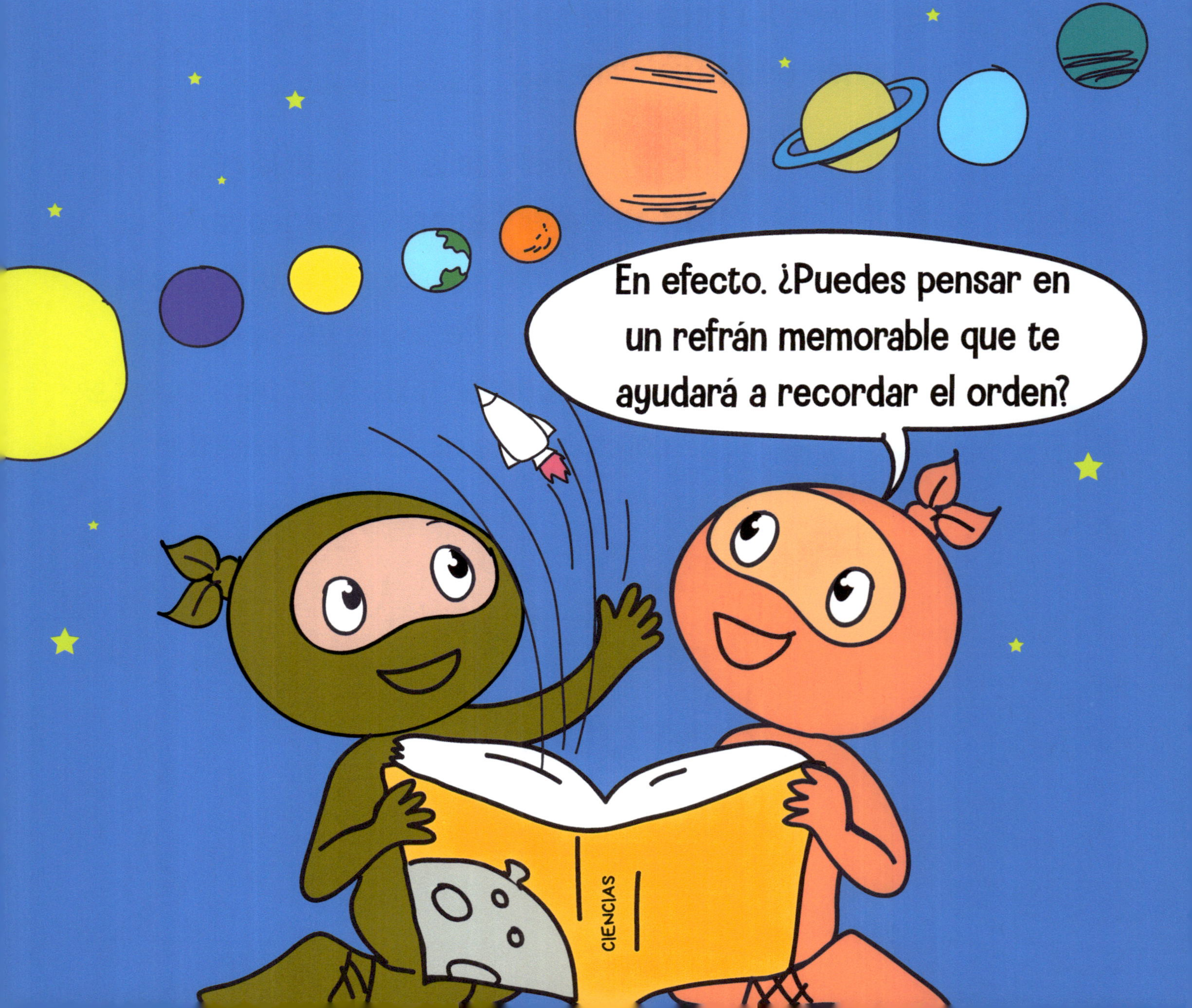
En efecto. ¿Puedes pensar en un refrán memorable que te ayudará a recordar el orden?
CIENCIAS

Al día siguiente en la escuela, estaba un poco molesto.

¿Qué pasó?

Levanté la mano para hacerle una pregunta a mi maestro. Pero olvidé su nombre y todos se rieron. Siempre olvido los nombres de los maestros.

Desde entonces, no fui tan olvidadizo.

Uso acrónimos, acrósticos e imágenes o A.A.I.
(¿ves lo que hice allí?)

Ya no soy un ninja olvidadizo.

NO OLVIDES A.A.I.

El recordar la estrategia A.A.I. podría ser tu arma secreta contra el olvido.

Acrónimos
Acrósticos
Imágenes

¡Visita ninjalifehacks.tv para obtener imprimibles divertidos gratis!

 @marynhin @officialninjalifehacks
#NinjaLifeHacks

 Mary Nhin   Ninja Life Hacks

 Ninja Life Hacks

 @officialninjalifehacks

www.ingramcontent.com/pod-product-compliance
Lightning Source LLC
Chambersburg PA
CBHW041107070526
44583CB00002B/100